# DOCUMENTS

## CONCERNANT

## LA FAMILLE TOIGNEL D'ÉPENSE

Par L. Grignon

CHALONS,
IMPRIMERIE LE ROY, RUE D'ORFEUIL. 27
—
1887

# DOCUMENTS

## CONCERNANT

## LA FAMILLE TOIGNEL D'ÉPENSE

Par L. Grignon

CHALONS,
IMPRIMERIE LE ROY, RUE D'ORFEUIL. 27
—
1887

# DOCUMENTS

concernant

## LA FAMILLE TOIGNEL D'ÉPENSE

Les divers articles biographiques publiés sur Claude d'Epense nous ont donné sur sa vie et ses œuvres tous les renseignements désirables. Son origine, sa situation privée, sa famille ont été moins étudiées, de là quelques divergences sur sa filiation qui n'est pas établie avec certitude. — Tantôt on le fait naître à Epense, tantôt à Châlons. On le dit fils, petit-fils et aussi petit-neveu de Claude Toignel, seigneur d'Epense, vidame de Châlons. — Aucun travail historique touchant cette famille n'ayant encore été fait, il est assez difficile de choisir entre ces versions différentes.

Ayant, au cours de nos recherches, rencontré quelques pièces concernant la famille d'Epense, nous avons pensé qu'il ne serait pas sans utilité d'en publier soit le texte *in extenso*, soit une courte analyse, selon leur degré d'importance ; on y trouvera maintes indications qui sont de nature à rectifier les différences et à combler les lacunes que nous signalons, et encore à mieux faire ressortir la figure du savant docteur du XVIe siècle, qu'avec raison, nous avons placé au nombre des personnages illustres dont s'honore la ville de Châlons.

C'est en 1418 seulement que nous voyons apparaître à Châlons le nom de Toignel. Pierre Toignel sans être autrement qualifié, figure sur une liste des tailles dressée à cette époque. On le trouve également quelques années plus tard parmi les membres du Conseil de ville. — D'autres documents le désignent plus amplement, il y est dénommé Me Pierre d'Epense, licencié en lois. — Nous savons aussi, par un acte de 1471, qu'il avait épousé Marie de Vésigneul qui était alors sa veuve. Pierre Toignel n'était pas seigneur d'Epense et nous ne savons pas si quelque lien de famille l'unissait à Claude Toignel d'Epense, qui suit; peut-être n'y eut-il entre eux qu'une similitude de nom.

Il en est peut-être autrement de Gérard Toignel Sr de Felcourt et de Villers-le-Sec, bailli de

Châlons en 1417, ou de Jean Toignel, lieutenant du bailli de Vitry en 1444, mais nous avons à cet égard aucun renseignement.

Claude Toignel, seigneur d'Epense, vidame de Châlons nous est un peu plus connu. Il épousa vers 1463 Marie de Bazoches et acheta des deniers de sa femme, le vidamé de Châlons, moyennant 1310 écus d'or. Nous connaissons un fils né de ce mariage : c'est Jacques d'Epense qui fut vidame de Châlons de 1483 à 1492, époque de sa mort. (1)

Claude Toignel devenu veuf à une date que nous ne connaissons pas, épousa Jacqueline du Molin. De ce second mariage naquit Claude d'Epense, II<sup>e</sup> du nom. Nous savons encore que Claude Toignel fonda en 1481 une chapelle en l'église Notre-Dame en Vaux. Dans l'acte de fondation il est qualifié : Seigneur d'Epense, vidame de Châlons et échanson du roi. Il mourut le 2 octobre 1483.

Claude d'Epense, chevalier, fils du précédent, épousa Yolande des Ursins. C'est de ce mariage que naquit en 1511 le futur docteur ; celui-ci était donc, non point petit-neveu, mais petit-fils de Claude d'Epense, vidame de Châlons.

Tels sont les renseignements que l'on trouve en divers ouvrages déjà édités. Les pièces qui suivent viennent les compléter en plus d'un point et nous

---

(1) M. E. de Barthélemy, dans sa Généalogie historique de la famille Cauchon de Reims, cite comme vivant au xvi<sup>e</sup> siècle une Agnès Toignel, fille de Jean sieur d'Epense et de Nicole de Bazoches et qui était tante du docteur Claude d'Epense.

donnent de nombreuses indications sur les noms et la qualité des personnes composant la famille d'Epense, sur leur situation à diverses époques, et quantité de détails qui offrent un certain intérêt.

N° 1. — *Du 12 avril 1535 après Pâques.* — Pierre Ledoulx, au nom et comme se portant fort de Dame Yolande des Ursins, veuve de feu honoré seigneur Messire Claude d'Espence, en son vivant chevalier, seigneur dudit lieu d'Espence, ayant la garde noble et tutrice légitime des enfants dudit seigneur et d'elle, loue à Jehan Jacques laboureur à la Folie-lez-Lespine « le droict de dismes, terrages, cens, rentes, coustumes, vinages et corvées, ensemble les amendes et droitz de lotz et ventes, comme on a coustume de les lever au lieu et finage de Lespine, avec la mairie de Souastre et amende qui pourroient eschoir en icelle, la dismette dudit Souastre, sept danrées de chanvière en deux pièces au terroir de Courtisols entre Saint-Menge et la Motte, moyennent quarante trois livres en argent, un poinsson de vin gouest, et un cent et demi de chanvre femelle, payables chascun an le jour de la feste Sainct-Martin d'hiver. »

N° 2. — *Du 23 septembre 1535.* — « Honorée, dame Yolande des Ursins, dame d'Espence, veuve de feu honoré seigneur Messire Claude d'Espence en son vivant chevalier, seigneur dudit lieu ; Disant comme Francoys d'Espence son fils, depuis huict jours en ça auroit vendu, distribué grosse quantité de grains et aultres biens à elle appartenant, tant en sa maison de Chaalons que aultre part an desceu et oultre le gré et voulenté de ladite dame, et pour la désobeyssance dudit Francoys d'Espence, à ces causes et pour aultres ad ce la mouvant, comme elle disoit, icelle dame a donné, ceddé et délaissé, et par ces présente donne à Nicolas, Jehan et Loyse d'Espence, aussi enffans dudit deffunct et d'elle, toute telle part et portion des meubles et acquestz présens et advenir appartenans a ladite Dame qui pourroient escheoir, compecter et appartenir audict Francoys d'Espence après le décès d'elle, pour de tous lesdictz acquestz et meubles joyr et user par lesdictz Nicolas, Jehan et Loyse incontinent après le trespas d'icelle dame comme de leur propre chose a tousjours chacun pour ung tiers, sans que ledict Francoys y puisse quereller ou demander aulcune chose, mais dès maintenant comme pour lors, ladicte dame l'en a privé et débouté, prive et déboute par ces présentes, à condition toutefois que ledict Jehan d'Espence ne pourra vendre ne auttrement alliéner sa portion desdicts acquetz, ains en joyra en usufruict sa vie durant tant seulement, et après son décès retourneront ausdict Nicolas et Loyse d'Espence son frère et sœur. »

Nº 3. — *Du 22 juin 1539.* — Contrat par lequel Adrien de Rasse chevalier seigneur en partie de Possesse et Marson, vend à Dame Yolande des Ursins naguère veuve de feu Messire Claude d'Epense en son vivant chevalier, seigneur dudit lieu, et à présent femme de Messire Antoine de Géresme aussi chevalier, seigneur du Pré du But et de Nicey en Vallois, pour elle et les enfants mineurs dudit defunt Claude d'Espense et d'elle, et aussi pour vénérable et discrète personne Messire Claude d'Epense son fils ainé, bachelier en théologie et archidiacre en l'église de Beauvais, stipulant pour elle et ses enfants en vertu du pouvoir contenu au contrat de mariage passé entre elle et ledit sieur de Geresme pardevant Remy Housset et Pierre de Puiseux, notaires royaux en la prévôté de Sainte-Menehould, le 29 mai 1537, par lequel il lui est permis de disposer de ses biens d'acquet ainsi que bon lui semblera jusqu'à concurrence de dix mille livres, achète en conséquence dudit sieur de Rasse 200 livres de rente annuelle à percevoir sur ses seigneuries de Possesse et tous autres biens moyennant 2,500 livres qu'elle a payées comptant audit sieur de Rasse.

N° 4. — *Du 28 juin 1550.* — Nicolas d'Espense écuyer seigneur de l'Aulnay-Regnault et Replonge demeurant à Epense, donne à bail deux pièces de terre à Claude Arnoul de Poix en Champagne.

N° 5. — *Du 12 septembre 1551.* — Noble dame Yolande des Ursins, veuve de feu Messire Claude d'Epense donne et constitue à Dame Jeanne d'Epense sa fille religieuse professe de l'abbaye d'Argensolles, ordre de Citeaux, diocèse de Soissons, la somme de 20 livres tournois de rente annuelle payable chaque année au jour Saint-Remy d'octobre, sur les revenus du moulin de Gergeau assis près Sainte-Menehould.

N° 6. — *Du 14 août 1553*. — Noble et scientique personne M° Claude d'Epense prêtre, prieur commendataire du prieuré de Saint-Gaon-en-Oye, diocèse de Troyes, seigneur de Noirlieu, donne à loyer aux sieurs Jean, Pierre et Claude Oger, marchands poissonniers demeurant à Châlons, tous les revenus de la terre et seigneurie de Noirlieu consistant en censes, gaignages, corvées, mairie, censives, rentes en deniers et en grains, toutes les amendes hors les confiscations, les bourgeoisies, garennes, le grand et le petit étang et tous autres droits et profits dépendants de ladite seigneurie ; ce présent louage fait pour neuf ans à compter du jour de Pâques 1553 moyennant la somme de 800 livres tournois chaque année, payable au jour de Pâques, argent porté à Châlons.

N° 7. — *Du 18 février 1554*. — Noble seigneur François d'Epense, seigneur dudit lieu et de Bignipont, donne à loyer à Pierre Viollet, marchand poissonnier à Châlons, les étangs ci-après déclarés, savoir : un étang appelé le Chevreteux, l'étang Dugny, l'étang dit de Grand-Ru, les deux étangs appelés le grand et le petit étang de Requigny, un autre étang appelé l'étang de Millet, deux autres appelés les grandes et petites Faulques, et l'étang de Rousseprez ; pour 24 années moyennant la somme de 700 livres tournois par an payables au jour de Pâques, plus un cent de carpes et vingt-cinq brochets à délivrer chaque année audit sieur bailleur pendant le carême.

N° 8. — *Du 19 juin 1555.* — Par bail du 17 mars 1554, François d'Epense avait donné à loyer à Didier Bryer, laboureur à Braux-Sainte-Cohière, les revenus de la seigneurie dudit Braux et la moitié des amendes de Chaude-Fontaine moyennant 140 livres par an ; mais par un acte du 19 juin 1555, il vend à noble homme M° Claude Lhoste, licencié en lois, seigneur de Recy, prévôt général de la Maréchaussée en Champagne et Brie demeurant à Châlons : « La terre et seigneurie de Braux-Sainte-Cohière consistant en haute justice moyenne et basse, amendes, confiscations, rentes de grains et poules, mairies, bourgeoisies et autres droits seigneuriaux ; la maison, granges, cour, jardin, colombier et terres appartenant audit vendeur, sises audict Braux, à lui venus et échus par le décès et trespas de feu bonne mémoire les Sieur et Dame dudict Espence ses père et mère par partage faict avec ses sœurs. — Ladicte seigneurie assise au bailliage de Victry, prévosté de Saincte-Manehould, mouvante en plein-fief, foy et hommage du Roy nostre sire à cause de son chastel de Saincte-Manehould, partie de laquelle terre et seigneurie lesdictz deffunctz ont acquis dudict seigneur Roy à faculté de rachapt perpétuel. Ce présent vendage faict moyennant et parmy la somme de 3,300 livres que pour ce ledict vendeur en a eu et reçu manuellement comptant en escus, doubles-ducatz, nobles rozes, pistoletz, angelotz, philippus, testons, tallartz, douzains et aultres espèces d'or et d'argent selon le cours et édict du roy. »

N° 9. — *Du 3 septembre 1555.* — Vente faite par François d'Epense comme tuteur de Damoiselle Madeleine d'Epense sa fille née de lui et de feue Damoiselle Louise de Sacquespée sa femme, de l'avis et délibération de noble et scientifique personne M⁰ Claude d'Epense, docteur en théologie, prieur de Saint-Gond, son frère aîné, oncle paternel de ladite damoiselle Madeleine d'Epense, d'une maison et jardin sise à Sainte-Menehould appelée : la maison d'Aulve, appartenant à ladite Madeleine par suite du décès de sa mère.

N° 10. — *Du 14 novembre 1555.* — Dans ce document sont nommés : Honoré seigneur Messire Anthoine des Marins, chevalier, seigneur de Montgenoulx, La Queue-aux-Bois, Villeneufve-sur-Bellot, guidon de cent hommes d'armes des ordonnances du roi sous la charge de Mgr le duc de Bouillon et Dame Louise d'Epense, sa future, auparavant veuve de feu Nicolas de Roussy en son vivant seigneur de Maure et de Termes, ayant par ladite dame, la garde noble des enfants mineurs dudit défunt et d'elle.

N° 11. — *Du 14 août 1556.* — M⁰ Claude d'Epense docteur en la faculté de théologie, prieur de Saint-Gond, seigneur de Noirlieu et de Sommérécourt, donne à bail une cense, ferme et métairie située audit Sommérécourt, pour sept années moyennant 15 setiers de froment, 4 setiers de seigle, 4 setiers d'orge et 18 setiers d'avoine, mesure de Sainte-Menehould, un porc gras à l'estimation de six livres tournois, un mouton âgé de deux à trois ans, deux livres de cire et quatre chapons, payables chaque année audit bailleur ou à ses commis ou receveurs au jour de la Saint-Martin d'hiver, et délivrés soit en la ville de Châlons, soit à Vinetz, ou aussi loin, au choix du bailleur.

N° 12. — *Du 25 juillet 1557.* — « Noble et scientifique personne M° Claude d'Espense, docteur en théologie, prieur commandataire de Sainct-Gaond, d'une part ;

Et Francoys d'Espence escuier, seigneur dudict lieu son frère d'autre part ;

Disant lesdictes parties que dès l'an 1545 ledict M° Claude avoit faict donation audit Francoys, de tout le droict qui lui appartient en la succession de feu Messire Claude d'Espence, en son vivant chevalier, seigneur dudict Espence, tant à cause de son droict d'ainesse que aultrement, des chastel, forteresse et maison forte dudict lieu d'Espence, et de la moitié de ce qui appartenoit audict M° Claude d'Espence au reste de ladicte terre, et seigneurie d'Espence, et aussi de la moictié des terres et seigneuries de l'Aulnoy-Regnault, Soizy-aux-Bois, Bignipont, Replonges, Courtisols, Varymont, Sommérécourt, Braux-Saincte-Cohière, Braux-Sainct-Remy, Demicourt, Poix-en-Champagne, Verrières, et des estangs desdictz fiefs, terres et seigneuries, leur appartenances et dépendances, réservé toutefois l'usufruict desdites choses données que ledict M° Claude auroit retenu et réservé à luy pour en joyr sa vie durant ; laquelle donation auroit esté confirmée le 28ᵉ jour d'aoust 1549, et acceptée par ledict Françoys par lettres passées le 5ᵉ jour d'aoust 1552 par devant Pierre de Puisieux et Jean Boucher, notaires royaulx en la prévosté de Saintes-Manéhould, et insinuées au bailliage de Vitry-le-François le 16ᵉ jour d'avril 1554 après Pâques.

« Depuis lesquelles donations et ratifications lesdictes parties avoient faict partage ensemble de tout ce qui leur estoit escheu et leur appartenoit es successions dudit feu Messire Claude d'Espense leur père et et de feue dame Yolande des Ursins leur mère, duquel partage lettres avoient esté faictes et passées pardevant lesdictz de Puisieux et Boucher le 5ᵉ jour de septembre 1553, sur lesquelles donations et ratiffications lesdictes parties, bien conseillées comme elles disoient, de leur plein gré et franche volonté sans aulcune force ou contraincte, ont déclaré et déclarent par ces présentes pour plusieurs raisons ad ce les mouvans, et se voullans traicter amiablement et fraternellement et retenir à tousjours l'amictié que naturellement ils sont tenus de se porter l'un à l'aultre : assavoir, ledit Francoys d'Espense dict se déporter et déporte de toutes lesdites donations et ratifications d'icelles, et de tout le proffict qu'il en eut peu on pourroit prétendre ès choses à luy données et y a renoncé et renonce par ces présentes, remettant le tout entre les mains dudict M⁰ Claude d'Espence donateur, son frère, pour en joyr et disposer comme il eut peu faire auparavant ; lequel déport, consentement et déclaration, ledict M⁰ Claude d'Espense a accepté et accepte en la forme et manière que ledit Francoys son frère l'a déclaré ; et en ce faisant lesdictes parties ont consenti et accordé qu'elles joyssent en toute propriété, usufruict et possession, des choses qui leur sont avenues et escheues respectivement par ledict partage comme si lesdictes donations n'avoient esté faictes et qu'ils ont déclaré estre vaines, cassées et sans effect comme choses non avenues. »

N° 13. — *Du 29 août 1559.* — Claude d'Epense, docteur en théologie, demeurant à Paris, seigneur de Noirlieu, donne à bail aux frères Oger, marchands à Châlons, la seigneurie de Noirlieu et les étangs dudit lieu, pour six ans moyennant 860 livres chaque année payables au jour de Pâques argent porté en la ville de Paris aux frais et dépens des preneurs.

N° 14. — *Du 1ᵉʳ septembre 1559.* — « Noble et scientifique personne M⁰ Claude d'Espence, seigneur de l'Aulnoy et de Noirlieu, docteur en la faculté de théologie à Paris et prieur commendataire du prieuré de Sainct-Gaond-en-Oyes, diocèse de Troyes d'une part ;

« Et honoré seigneur Francois d'Espence seigneur dudict lieu et de Bignipont, son frère d'autre part ;

« Disant ledict Claude d'Espence, et maintenant audict Francoys son frère, avoir depuis le décès de Dame Yolande des Ursins leur mère, dame dudict Espence, payé, pour et au nom dudict Francoys d'Espence, la somme de 6,000 livres tournois et plus en deniers clairs ; assavoir à Messire Loys de Proisy escuyer, seigneur dudict lieu, baron de la Bauve leur beau-frère, pour supplément de partage en la succession universelle de leur feuz père et mère, frères et sœur, par accord faict par ledit sieur de Sainct-Gaond audict sieur de Proisy et ratiffié par le sieur d'Espence pour et au nom et à cause de Dame Claude d'Espence leur sœur et femme dudict sieur de Proisy, la somme de 4,718 livres tournois pour la part dudict sieur d'Espence, et le surplus tant en debtes passives délaissées et deues par feuz frère Anthoine d'Espence en son vivant chevalier de l'ordre de Saint-Jehan de Jhérusalem, et Nicolas d'Espence seigneur de l'Aulnoy-Regnault en Brie, leurs frères, en frais faicts auprès de la seigneurie de Chastel-lez-Cornetz promis et prins par partage par lesdictes parties à dame Loyse d'Espence leur sœur à présent femme de Messire Anthoine des Marins seigneur de Montgenoux, en chevissement (1) et composition faitz avec les sieurs et dame conte et contesse de Dampierre de certain relief, reprinse et chevance à eulx deubz à cause de ladicte seigneurie d'Espense mouvant dudict conté de Dampierre, que aultres deniers commungs en iceulx

---

(1) De chevance ; argent, biens, ressources pécuniaires.

et touttefois receuz entièrement par ledict sieur d'Espence ; pour avoir paiement de laquelle somme, ledict sieur de Saint-Gaond avoit jà tant procédé contre ledict sieur d'Espence son frère qu'il avoit faict saisir la plus grande part de ses biens ;

« Ledict sieur d'Espence disant au contraire et maintenant ne debvoir la susdicte somme de 6,000 livres pour plusieurs raisons, mesme que ledict sieur de Saint-Gaond son frère lui avoit promis certaine bonne quantité de ses boys et grains et part des debtes actives délaissez par ladicte défuncte dame Yolande des Ursins leur mère, pour l'aider à s'acquitter envers ledict sieur de Proisy ; aussi que lesdictz paiements maintenus faictz par ledict sieur de Saint-Gaond auroient esté faictz des deniers procédans par vente de bois et grains esquelz ledict sieur d'Espence y avoit la moictié, et d'advantage que ledict sieur de Saint-Gaond avoit pareillement levé entièrement aulcuns deniers commungs entre eulx, autant et plus que luy ; pour lesquelles raisons ledict sieur d'Espence maintenoit la saisye estre de nul effect ; à raison de quoy estoient lesdictes parties en voye de tomber en grande involution de procès, frais et despens, pour à quoy obvier et nourrir paix et amour fraternelle entre eulx ; recongnurent avoir faict les traictez, accords et appointemens en la manière qu'il s'en suit, assavoir :

« Que ledict sieur de Saint-Gaond a consenty et consent par ces présentes que ledict sieur d'Espence son frère joysse en usufruict de son fief du tiers des dismes de Saincte-Manehould en tous fruictz, proffictz et esmolumens en dépendans, et au reste pour ce que lesdictes parties ont trouvé ensemble par compte faict que ledict sieur de Saint-Gaond a plus desboursé pour les affaires dudict sieur d'Espence que ne monte sa part des deniers commungs entre eulx, ledict sieur d'Espence pour satisfaction de ce a payé audict sieur de Saint-Gaond la somme de 3,000 livres manuellement et comptant, comptez et nombrez en escus-soleil et monnoyes, dont il s'en est tenu pour content et bien payé et en acquitte ledict sieur d'Espence ; et en ce faisant et moyennant ce lesdictes parties sont demeurées et demeurent quittes l'une envers l'autre de tous différendz et pareillement de toutes aultres choses quelzconques qu'ilz ont eu affaire ensemble jusques à huy ; soy depportant par ledict sieur de Saint-Gaond de ladicte saisye faicte sur les biens dudict d'Espence, consentant main-levée et en donner acte audict sieur d'Espence partout où il appartiendra. »

N° 15. — *Du 16 juillet 1565.* — Aloph de Beauveau, seigneur de Rorthe, Merigny, Epense et Malmy, donne à bail à Pierre et Claude Oger frères à Châlons les étangs de Roussepré, le Petit-Faulque, lui appartenant à cause de Damoiselle Madeleine d'Epense sa femme, pour cinq ans moyennant 950 livres pour la première année et 450 pour les autres.

N° 16. — *Du 13 octobre 1565.* — Le même, donne à bail pour trois ans, les terrages, grosses et menues dîmes du village d'Epense, la dîme de la vigne du Mercier, et dix-huit journées de terre moyennant 400 livres par an.

N° 17. — *Du 23 août 1572.* — Honoré seigneur Aloph de Beauveau, baron et seigneur de Rorthe, Merigny, Epense, Noirlieu, et dame Madeleine d'Epense sa femme, demeurant à Epense, constituent à Pierre le Caussonnier, écuyer seigneur des Ystres et Beury, homme d'armes des ordonnances du roi de la compagnie de Mgr le duc de Bouillon, la somme de 400 livres de rente annuelle et perpétuelle à prendre chaque année sur la terre et seigneurie dudit Noirlieu appartenances et dépendances tant en fief que roture, consistant en haute justice moyenne et basse, censives, confiscations, cens, rentes, moulins, étangs, garennes, amendes, terres labourables et autres droits, héritages et revenus. Ladite vente et constitution faite moyennant la somme de 4,800 livres que lesdits constituans ont reçue depuis le 10 juillet 1571 en espèces de noble homme Michel le Caussonnier, seigneur des Ystres, Beury et Pocancy, père dudit Pierre le Caussonnier, laquelle rente avait été précédemment assise sur la seigneurie de Malmy qui s'en trouvera déchargée.

N° 18. — *Du 27 janvier 1582.* — Damoiselle Magdelaine d'Epense dame dudit lieu et de Noirlieu, veuve de feu honoré seigneur Adolphe de Beauveau, vivant, baron de Rorthe, demeurant à Mérigny, donne à bail à Claude Oger, marchand à Châlons, les étangs de Rousse-Pré, Grandru, le Petit-Acquet et le circuit d'iceux dépendants de la terre et seigneurie d'Epense, et le grand et le petit étang de Noirlieu-les-Dames et circuit d'iceux pour neuf ans, moyennant 300 écus par an.

N° 19. — *Du 9 septembre 1589.* — Cette pièce est relative au bail d'une terre, passé par dame Madeleine d'Epense, dame dudit lieu, de l'Aulnoy-Regnault, Noirlieu et Poix-en-Champagne, demeurant à Epense. Elle vivait donc encore à cette époque.

Nous ajouterons à cette série l'extrait de trois pièces qui prouvent que Claude d'Epense savait récompenser les bons services qui lui étaient rendus.

N° 20. — *Du 16 avril 1554.* — « Noble et scientifique personne M° Claude d'Espence, docteur en théologie, prieur de Sainct-Gaon, diocèse de Troyes, demeurant à Paris, et honoré seigneur François d'Espence son frère, seigneur dudict lieu y demeurant ; lesquels recongnurent avoir donné, délaissé et transporté par ces présentes à tousjours, par pur, vray don fait entre vifs à honorable homme François de la Salle, demeurant à Somme-Tourbe, ce acceptant pour lui ses hoirs et ayans cause ; une cense et gaignage consistant en terres labourables, prez et aultres héritages en dépendant sans en rien réserver, assize à Braulx-Saint-Remy terroir d'illec et terroirs voisins, que tient de présent à louage Thibaut dit Chastelon, et ung jardin à meiz assis au village d'Espence, tenant au four bannal et audict de la Salle, dont ils se sont dessaisis au profict d'icelui de la Salle pour en joyr à tousjours comme de sa propre chose.

« Ceste présente donation faicte en faveur, recongnoissance et rescompense des bons loyaulx et agréables services faicts par ledict de la Salle à feuz Claude d'Espence en son vivant chevalier seigneur dudict lieu et à Dame Yolande des Ursins sa femme, père et mère desdicts donateurs, et pareillement à feuz Charles, Anthoine et Nicolas d'Espence leurs frères, et aussi à iceulx donateurs ; desquelz services ilz ont esté bien et deuement certiorez et advertiz sans pour ce cy après s'en vouloir aultrement informer. »

N° 21. — *Du 14 août 1556.* — M° Claude d'Epense docteur en théologie, seigneur de Noirlieu, constitue sur la seigneurie dudit Noirlieu à honorable homme Pierre Ledoulx, bourgeois de Châlons, et à Collette Despy sa femme, demeurant à Châlons, la somme de quarante livres de pension ou rente annuelle et viagère à prendre chaque année la vie durant desdits Ledoulx et sa femme consécutivement l'un après l'autre, aux jours de Noël et Saint-Jean-Baptiste par égale portion.

Cette constitution de rente faite auxdits Ledoulx et sa femme pour les bons et agréables services qu'ils ont rendus autrefois à ses père et mère ainsi qu'à lui et pour ceux qu'ils lui rendront à l'avenir, et parce que ainsi lui a plu et que telle est sa volonté.

N° 22. — *Du 14 août 1556.* — Acte identique constituant 12 livres de rente annuelle et viagère payable au jour de Noël au sieur Henry Villers demeurant à Epense, sur la seigneurie de Noirlieu, pour les mêmes causes que dessus.

N° 23. — *Du 29 août 1559.* — Acte semblable constituant à Jean Crochet, manouvrier demeurant au Vieil-Dampierre, une rente viagère de huit livres, payable chaque année au jour de Noël sur la seigneurie de Noirlieu, pour les bons et agréables services par lui faits à D° Yolande des Ursins, et à feus nobles seigneurs Charles, Antoine et Nicolas d'Epense ses frères.

Les renseignements contenus dans les documents qui précèdent, permettent de dresser le résumé suivant:

Claude d'Epense, chevalier, fils de Claude d'Epense, vidame de Châlons et de Jacqueline du Molin, épousa Yolande des Ursins. Si nous ne connaissons pas la date exacte de son décès, nous savons que Yolande des Ursins était veuve en 1535. Elle se remaria en 1537 à messire Antoine de Geresme, chevalier, seigneur du Pré-du-But et de Nicey en Vallois. Elle vivait encore en 1551 — mais elle est dite défunte en 1553.

De son mariage avec Claude d'Epense sont nés :

1° Claude d'Epense, fils aîné, bachelier en théologie et archidiacre de Beauvais en 1539, docteur en Sorbonne, régent en l'Université de Paris et prieur de Saint Gond en 1553. — Seigneur de Noirlieu et de Sommérécourt.

2° François d'Epense, seigneur d'Epense, de Bignipont et Braux-Sainte-Cohière ; marié à Louise de Sacquespée vers 1540 qui lui apporta la seigneurie de Malmy. Elle était morte en 1555. François d'Epense vivait encore en 1578. De ce mariage naquit Madeleine d'Epense, mariée vers 1560 à messire Aloph de Beauveau, écuyer, baron de Rorthe, seigneur de Mérigny, conseiller de Mgr le duc de Lorraine, capitaine gouverneur de Longwy. Elle était veuve en 1582 et vivait encore en 1589.

3° Nicolas, seigneur de l'Aulnoy-Regnault-en-Brie et Replonges, vivait encore en 1550. Décédé peu après.

4° Antoine, chevalier de l'Ordre de Saint-Jean de Jérusalem — mort avant 1559.

5° Jean. — Son nom ne nous est connu que par diverses pièces dont la plus ancienne est de 1535. Il mourut avant 1554.

6° Charles. Il est fait mémoire de lui dans une pièce de 1554. Etait mort à cette époque.

7° Louise. Mariée à Nicolas de Roussy, seigneur de Maure et de Termes, et ensuite à Antoine des

Marins, chevalier, seigneur de Montgenoulx, la Queue-aux-Bois, Villeneuve-sur-Bellot, guidon de cent hommes d'armes des ordonnances du roi sous la charge du duc de Bouillon.

8° Claude. Mariée à Louis de Proisy, écuyer, seigneur de Proisy, baron de la Bauve.

9° Jeanne. Religieuse professe de l'Abbaye d'Argensolle en 1551.

La maison ou hotel d'Epense a Chalons.

Dès la seconde moitié du xv<sup>e</sup> siècle et pendant tout le xvi<sup>e</sup>, il y eut à Châlons une maison importante appelée : l'hôtel d'Epense.

En 1489, la ville ayant à pourvoir au logement de M. de Dorval, gouverneur de Champagne, le Conseil proposa certains immeubles au nombre desquels est « la maison de feu M. d'Espense, » mais on ne dit point en quel lieu de la ville cette maison était située. (1)

En 1524, une autre conclusion du Conseil de ville nous apprend que le gouverneur de Champagne, séjournant à Châlons, fut logé « en l'hostel de M. d'Espense, jadis appartenant à feu M<sup>e</sup> Pierre de Thuizy. » Ici encore rien n'indique l'emplacement de cet hôtel. (2)

Un acte de 1560 va nous donner à cet égard tous les renseignements désirables. En raison de l'in-

(1) Registre des Conclusions. 1489 f° 104. v°.
(2) Registre des Conclusions. 1524 f° 118. v°.

térêt local qu'il présente, nous le donnons presque *in extenso* ; nous n'y avons fait qu'un seul retranchement relatif aux conditions d'hérédité imposées par Claude d'Epense à l'acquéreur Aloph de Beauveau, son neveu par alliance.

*Du 15 novembre 1560.* — « Noble homme François de la Salle, escuyer demeurant à Sommevesle au nom et comme procureur de noble et scientifique personne Mᵉ Claude d'Espence, docteur régent en la Faculté de théologie de Paris, prieur commandataire du prieuré de St-Gaond, diocèse de Troyes, fondé de lettres de procuration spéciales au cas ;

« Recongnut avoir vendu et par ces présentes vend dès maintenant et pour tousjours à honoré Seigneur Aloph de Beauvau escuyer, baron de Rorthes, seigneur de Mérigny et Espence et conseiller de Mgr le duc de Lorraine, capitaine gouverneur de la ville de Lonwy, demeurant audict Espense, achepteur pour lui, ses hoirs et ayant cause ; la moitié par indivis d'une maison couverte de thuilles et ardoizes assise audict Chaalons *entre la croix des taincturiers et la croix Saïnt-Pierre*, appelée : *la maison d'Espence*, court, jardin derrière, le lieu et pourprins comme il se comporte, tenant la totalité à Collette Despy vefve de feu Pierre Ladoulx et au cimetière de l'église Saincte-Margueritte, d'autre part au sʳ Briotin escuyer et à Mᵉ Guillaume de Forges seigneur de Lamothe et Pongy, boutant par derrière et ayant issue sur une ruelle appelée : la ruelle Saincte Margueritte, et par devant faisant son entrée principale sur la grande rue ; partant icelle moictié de maison, jardin et pourpris, appartenant audict s$^r$ docteur à cause de son naissant, à l'encontre de l'aultre moictié appartenant aux cohéritiers dudict s$^r$ docteur, quitte et deschargée de tous dons, douaires, ypothèques et obligations quelconques; de laquelle moictié de maison, jardin et lieu susdict ledict vendeur s'est devestu pour en jouir par ledict acquesteur et damoiselle Magdelaine d'Espence sa femme, leurs vies durant ; et après le décès d'eulx deux, icelle moictié de maison et lieu que dessus appartiendra pour le tout au premier fils qu'ils auront de leur présent mariage, lors vivant, pour de là en avant en jouir par lui et ses hoirs à tousjours ; et au cas ou lesdicts s$^{rs}$ de Beauveau et dam$^{elle}$ sa femme n'anroient enfans procréez de leur corps, ladite maison appartiendra entièrement aux enfans du premier mariage dudict s$^r$ de Beauveau (1).......

« Ceste présente vendition faicte moyennant la somme de deux mil livres tournois pour principal marché dont ledict de la Salle, oudict nom, en a confessé avoir eu et receu dudict acquesteur.

« Et a encore ledict s$^r$ vendeur, vendu, cédé et transporté audict s$^r$ acquesteur ce acceptant, les biens meubles, linge, vaisselle d'estaing, chalitz, tables,

---

(1) Nous avons résumé en quelques mots les conditions longues et compliquées imposées à l'acquéreur, au sujet de la transmission de cette maison.

bancz, buffetz que aultres meubles estant demeurez en icelle maison lors du décès de feue Dame Yolande des Ursins en son vivant dame dudict Espence, mère dudict sr Me Claude d'Espence, a plain contenuz en l'inventaire de ce faict que ledict de la Salle a promis de communiquer audict sr acquesteur, quand requis en sera, pour par icelluy sr acquesteur disposer desdictz meubles ainsy qu'il luy plaira. »

Malgré les précautions prises par Claude d'Epense pour assurer autant que possible le maintien de la maison paternelle dans la famille, elle ne resta pas bien longtemps entre les mains de ses héritiers. Un document de 1643 nous apprend que Samuel de Beauvau, chevalier, seigneur d'Epense et de Varimont et dame Françoise d'Alaumont sa femme sont logés à Châlons « en leur maison rue du Picheron. » La maison de la rue Saint-Nicaise avait très probablement été aliénée.

Il existe à Châlons une autre maison qui passe pour avoir appartenu au docteur Claude d'Epense et qu'il aurait fait construire ou aménager en 1556 ; elle est située dans la rue Grande-Etape n° 26 et appartient aujourd'hui à M. Auguste Nicaise qui l'habite. On y voit à l'intérieur certains détails d'architecture de l'époque gothique tertiaire (xve siècle), et à l'extérieur une porte de style Renaissance qui autrefois a dû former l'entrée principale de l'immeuble.

On y lit cette maxime :

« *Humilis fortuna tutior est quam excelsa.* 1556, c'est-à-dire : Une situation modeste est préférable à une haute fortune.

Il est fort possible que cette maison ait appartenu à Claude d'Epense ; toutefois nous devons dire que jusqu'à présent on n'en a point fourni la preuve authentique. Les recherches que nous avons faites dans ce but sont jusqu'alors restées sans résultat.

www.ingramcontent.com/pod-product-compliance
Lightning Source LLC
Chambersburg PA
CBHW060929050426
42453CB00010B/1913